# COMUNICAÇÃO ORGANIZACIONAL

Roberto Fonseca Vieira

# COMUNICAÇÃO ORGANIZACIONAL

### Gestão de Relações Públicas

*m*auad X

Copyright © by Roberto Fonseca Vieira, 2004

Direitos desta edição reservados à
MAUAD Editora Ltda.
Av. Treze de Maio, 13, Grupo 507 a 509 — Centro
CEP: 20031-007 — Rio de Janeiro — RJ
Tel.: (21) 2533.7422 — Fax: (21) 2220.4451
www.mauad.com.br

*Projeto Gráfico:*
Núcleo de Arte/Mauad Editora

CIP-BRASIL. CATALOGAÇÃO NA FONTE
SINDICATO NACIONAL DOS EDITORES DE LIVROS, RJ.

V718c

Vieira, Roberto Fonseca, 1946-
    Comunicação organizacional: gestão de relações públicas / Roberto Fonseca Vieira. – Rio de Janeiro: Mauad, 2004.

    Inclui bibliografia
    ISBN 85-7478-128-2

    1.Relações públicas. 2. Comunicação nas organizações. 3. Relações públicas - Administração.
    I. Título.

04-0768
                      CDD – 659.2
                      CDU – 659.4

*Dedico e agradeço
a todos que, de alguma forma
em seus estudos, incorporaram
valores significativos ao dimensionamento
da Comunicação Organizacional,
sobretudo a Margarida K. Kunsch,
pelos paradigmas em Relações Públicas.*

"É preciso dedicar à comunicação todo o espaço que ela merece. É, de fato, pela troca e a discussão entre seres humanos autônomos e capazes de raciocinar que nós poderemos editar normas que serão aceitas por todos sem constrangimentos".

Jürgen Habermas

# Sumário

**Apresentação** – *Sidinéia Gomes Freitas* – 11

**Prefácio** – *Fábio França* – 13

**Introdução:** A Transformação – 15
- O Processo – 17

**Parte I:** A Transição – 21
- A Cultura e o Conhecimento Organizacional – 23
- A Competência: a gestão no caminho futuro – 25

**Parte II:** O Diálogo – 29
- A Busca do Entendimento – 31
- O Caminho para a Credibilidade – 33

**Parte III:** A Credibilidade – 35
- A Reciprocidade: a política bilateral – 37
- A Mediação: a legitimação organizacional – 39

**Parte IV:** O Relacionamento – 41
- A Missão: o serviço à sociedade – 43
- A Comunicação Organizacional: a política interna – 45

**Parte V:** A Valorização – 47
- A Adaptação: o homem como pessoa integral – 49
- A Comunicação Interna: o gerenciamento de competência – 53

**Considerações Finais** – 57
- A Perspectiva – 59

**Notas** – 63

**Bibliografia** – 65

## Apresentação

Os leitores encontrarão no trabalho do Prof. Roberto Vieira um momento de reflexão que se destina aos estudiosos dos Cursos de Comunicação Social, em especial Relações Públicas, constantemente preocupados em fundamentar a razão de ser da profissão perante o cenário capitalista acirradamente competitivo e pouco transparente de algumas organizações que transformam comunicadores em meros cumpridores de tarefas.

Afirmando que a Comunicação Organizacional não deve limitar-se a um "tecnicismo restrito", o Professor Roberto provoca a reflexão por meio das correlações conceituais estabelecidas entre a Comunicação Organizacional, o relacionamento das organizações com seus públicos essenciais – razão de ser das Relações Públicas – e a cultura organizacional no cenário da "pós-modernidade".

O Autor reconhece o momento de transição que vivemos, propugna a favor do diálogo constante das organizações com seus públicos, enquanto necessidade intrínseca ao papel demandado pela sociedade e a opinião pública, face ao que se espera hoje de uma organização, independente de seu ramo de atividade.

Estabelecidas as novas demandas sociais, incluindo a revolução tecnológica, faz-nos lembrar dos ensinamentos de Elton Mayo e das críticas da "Escola das Relações Humanas" que voltam a merecer destaque, posto que reconhece que "tecnicismo restrito" não resolve as questões das relações das organizações com seus públicos.

Conclui que é preciso ser estratégico, priorizando os recursos humanos das organizações e indicando a **gestão de pessoas enquanto necessidade básica no gerenciamento da Comunicação Organizacional**. Lembremos que, coincidentemente, as organizações bem-sucedidas são também as melhores para nelas se trabalhar.

*Sidinéia Gomes Freitas*
Professora Livre-Docente e Doutora pela Escola de Comunicações
e Artes da Universidade de São Paulo – ECA/USP

# Prefácio

Nesta obra o professor Roberto Fonseca Vieira identifica o fenômeno da globalização como o que vem exercendo maior influência nas organizações, tanto em sua ordenação estratégica quanto no redirecionamento do seu comportamento social, que envolve seus relacionamentos com o mercado e com seus colaboradores diretos.

A partir do princípio de que a sociedade atual está baseada na disseminação rápida e ampla da informação, o autor afirma que necessitará também de novas formas de comunicação, sobretudo da comunicação organizacional, considerada a mais significativa na inter-relação empresa, sociedade, empregados, pois o sucesso de uma organização poderá depender, no seu desdobramento, da sua capacidade de se comunicar com o meio ambiente e seus espaços internos e externos.

As mudanças, porém, não atingem somente o campo dos recursos tecnológicos: as pessoas que interagem em qualquer processo produtivo necessitam, igualmente, mudar comportamentos para que possam se adaptar à nova realidade empresarial. É neste contexto que se situa a relevância da comunicação como veiculadora de mensagens que favoreçam o processo de mudanças.

Ao perseguir tal objetivo, a organização deverá adotar uma *gestão política* da comunicação. Será por meio dela que conseguirá conciliar os impactos causados pela introdução de novas tecnologias e das mudanças de cultura e do comportamento empresarial.

Caberá aos gestores de comunicação, equiparados pelo autor ao profissional de relações públicas, o desafio de colocá-la como fundamental nos processos de transmissão e assimilação dos novos conceitos e na socialização do conhecimento, que deve ser compartilhado com toda a organização.

Esse gestor surge como mediador entre a organização e a opinião pública, mantendo-a informada de maneira permanente para gerar a credibilidade e inserir a empresa no ambiente de que precisa desfrutar para atingir seus objetivos.

Em síntese, o professor Roberto Fonseca Vieira defende a tese de que, ciente de sua responsabilidade social, a empresa deve fazer uso da comunicação como a melhor forma de valorizar o trabalhador, manter sua autoestima e lhe garantir satisfação no trabalho, pois "significa a integração, informação e o conhecimento para o exercício da cidadania na organização".

*__Fábio França__*
Doutor em Ciências da Comunicação pela
Escola de Comunicações e Artes da Universidade de São Paulo – ECA/USP
Professor da Universidade Metodista de São Paulo – UMESP

# Introdução

## A Transformação

> *"Quando um sistema social se põe em movimento e se moderniza, então o mundo começa a parecer uma espécie de aldeia global. Aos poucos, ou de repente, conforme o caso, tudo se articula em vasto e complexo todo moderno, modernizante, modernizado. E o signo por excelência da modernização parece ser a comunicação, a proliferação e generalização dos meios impressos e eletrônicos de comunicação, articulados em teias multimídias alcançando todo o mundo."*[1]
>
> Octavio Ianni

## O Processo

A Revolução Industrial, no século XIX, foi o início da transformação do sistema econômico e político que vigorava no mundo. A partir de então, observaram-se velocidade de mudanças, o despertar tecnológico, novo conceito de mercado consumidor, as linhas de produção e reviravolta nas formas de relacionamento das organizações com a sociedade.

Sabemos que já está ficando repetitivo falar na velocidade das mudanças, na transformação de tudo que é tradicional e na necessidade cada vez mais premente de adaptação aos novos tempos. Neste novo século, no entanto, algumas coisas parecem soar diferente. E uma delas certamente é a Revolução da Indústria Cultural.

Estamos testemunhando uma era de transformações nunca antes ocorridas, atingindo os mais diversos ramos científicos e envolvendo os mais diferentes segmentos sociais. Por isso, com a já tão apregoada globalização, as relações humanas mudaram e trouxeram consigo novas possibilidades de interação entre os povos, tanto culturalmente quanto, sobretudo, tecnologicamente.

O enorme avanço tecnológico vem criando, sem dúvida, uma nova sociedade baseada na disseminação rápida e ampla da informação. O resultado imediato disso é que a produção cultural, até então restrita aos meios tradicionais, democratizou-se, possibilitando o desenvolvimento de novas formas de comunicação, sobretudo a organizacional, cujo dimensionamento ocorre em grande parte pelo processo da automação que se incorporou ao progresso de industrialização.

A Revolução Tecnológica, mais rápida e silenciosa do que a Revolução Industrial, introduz na sociedade conhecimentos, invenções e criações estéticas, todos produtos do intelecto humano, dos quais derivam outras tantas manifestações que o homem usa para diversos fins: expansão industrial, facilitação de comunicações, sensibilização, transmissão de conhecimentos, administração, produção de bens e de serviços, e com benefícios vários, alterando radicalmente as técnicas de produção e a relação do homem com o trabalho.

O que nos permite dizer que nesse novo século tudo mudou, não porque o tempo transcorreu, mas porque neste transcurso o mundo mudou, a economia mudou, as forças sociais e políticas mudaram e a própria cultura mudou.

Portanto, tempo de mudança nas ciências, nas artes, na política, nos modos de compreender os processos de vida social e de trabalho, a substituição de fronteiras por pontes que concretizaram o pensamento global, ou seja, transformação quantitativa e qualitativa, instalando-se além de toda e qualquer fronteira, articulando capital, tecnologia, força de trabalho, divisão do trabalho social e outras formas produtivas. Cabe observar que mudar não quer dizer melhorar. Quer dizer apenas que os condicionamentos para a ação são outros e que os objetivos visados (bons ou maus) também são outros.

Esse processo de transformação deve ser observado em sintonia com os sinais de problemas e crises internas e externas para os quais há tendências de mudanças drásticas na 'visão existencial' da sociedade contemporânea, pois acarretam modificações indubitáveis nas organizações, sobretudo nas formas de se comunicar e se relacionar com os espaços ambientes, internos e externos.

Sinal de alerta, pois basta que alguns grupos sociais disseminem um novo dispositivo de comunicação para que todo o equilíbrio das representações das imagens seja transformado.

Assim se deu no caso da escrita, do alfabeto, da impressão e dos meios de comunicação e transportes modernos.

A Internet é um exemplo desse processo, pois nenhum meio de comunicação ou avanço tecnológico teve tanto impacto na cultura da humanidade quanto essa mídia. Através dos empreendedores que logo vislumbraram o futuro, ela tornou-se rapidamente o instrumento fundamental da comunicação contemporânea.

Sob qualquer aspecto que se leve em conta, essa grande rede mundial de comunicação está proporcionando intensa mudança sócioeconômica na sociedade, permitindo-nos afirmar que a revolução cultural provocada por ela já é maior do que a provocada pela revolução industrial, estabelecendo novas fronteiras para todos os interesses da organização.

A intensificação da competição global tem imposto às organizações novas formas de atuação, pelas quais a disponibilidade tecnológica impõe uma nova dinâmica de gestão. Os avanços apontam para a necessidade da gestão da organização como um todo e seu relacionamento externo com a sociedade. Esta questão passou a ser estratégica para as organizações que buscam se afirmar em ambiente cada vez mais competitivo. Considerada essencial, tornou-se grande desafio para o sucesso das organizações modernas, intensificando-se na medida em que elas agora se incorporam às diretivas deste novo século.

Portanto, nesse processo de transformação a caminho da transição, as mudanças de postura das organizações deverão ser conduzidas de forma racional e competente, sobretudo por interferirem diretamente em sua cultura. O que exige profundas mudanças na filosofia gerencial, promovendo, acompanhando e reforçando mudanças na filosofia administrativa, incorporando novos valores e refletindo a transformação da própria organização no cenário do futuro.

# PARTE I

# A TRANSIÇÃO

> *"A cultura organizacional é concebida como um conjunto de valores e pressupostos básicos expressos em elementos simbólicos, que em sua capacidade de ordenar, atribuir significações, construir a identidade organizacional, tanto agem como elemento de comunicação e consenso, como ocultam e instrumentalizam as relações de dominação."*[2]
>
> Maria T. L. Fleury

## A Cultura e o Conhecimento Organizacional

Transição, capacidade de esquecer o velho e aprender o novo, vencer as resistências, aceitando novos tempos de forma proativa, enfim, processo de transformação cultural nas organizações.

O processo de transição é sempre difícil, já que mexe com toda a cultura organizacional, ou seja, o conjunto de normas e valores mais ou menos comuns, compartilhado pelas pessoas da organização, podendo ser visto como o clima interno: o conhecimento da organização.

A ideia de que as organizações trabalham da maneira como trabalham devido ao modo como as pessoas pensam e interagem nos indica que qualquer projeto de transformação que se proponha a realizar mudanças estruturais significativas de longo prazo precisa levar em conta a criação de condições que viabilizem a incorporação de novos valores, modelos e padrões de interação na cultura organizacional.

A cultura organizacional mantém-se e modifica-se nas pessoas e através das pessoas. O grande problema desdobra-se em dois: como conseguir mudar a mentalidade dos membros da organização, por onde e com quem começar. Desafio particularmente importante nesse processo de transição, sobretudo por onde começar.

Devemos começar com mudanças de atitudes, estratégias e relacionamentos. Até porque, quando uma empresa resolve implantar novo processo, estará sujeita aos padrões internos já estabelecidos como corretos, ou seja, a cultura organizacional. Nesta cultura organizacional se processam determinadas formas de comunicação e é neste contexto que entrará nova ideia ou novo ideal.

Para que as novas formas de trabalho consigam os resultados esperados, é importante a análise das formas existentes de comunicação, considerando que a falta de gestão do conhecimento e da comunicação pode gerar resultados inadequados em outros planos estratégicos da organização.

Do ponto de vista deste conhecimento, a comunicação passa a exercer papel relevante nesse processo, e de forma intensa nessa era da informação. A constante entrada de novas tecnologias nas organizações gera um grande número de impactos nas pessoas e na sociedade de uma forma geral. Portanto, nessa dimensão o comprometimento da administração superior é fundamental, sobretudo na gestão da política de comunicação.

Nessa transição, o comprometimento já está acontecendo e seus prenúncios podem ser percebidos em vários aspectos, novas formas são esboçadas e testadas, apesar do velho modelo burocrático ainda resistir tenazmente, até porque, por incrível que possa parecer, muitos executivos ainda continuam gerindo as organizações exatamente como no passado, como verdadeiros guardiões, impedindo que novos modelos de gestão e até mesmo novas ideias sejam implementadas.

Diante deste quadro afirmamos que o elemento principal e decisivo nessa transição organizacional é a forma de gerenciamento, em qualquer nível, pois esse gerenciamento se tornará o multiplicador de influências mutantes na cultura da organização.

# A COMPETÊNCIA:
## A GESTÃO NO CAMINHO FUTURO

As formas de gerenciamento alinhadas às formas de competência deverão fazer parte do presente e do futuro provável, convertendo-se em focos e objetivos de desenvolvimento do gestor no caminho do futuro. Portanto, o conhecimento da organização requer a substituição de modelos fragmentados mecanicistas por modelos que se incorporem à tendência de desenvolvimento gerencial, principalmente de competência e aperfeiçoamento em direção a uma concepção holística. É o que nos diz Felá Moscovici em *Renascença Organizacional:*

> *"(...) Competência e aperfeiçoamento (...) deverão indicar aprimoramento contínuo e constante na cultura organizacional, em todas as dimensões, como valor filosófico em aberto e não como tecnicismo restrito."*[3]

Isto inclui novas formas de gerenciamento da comunicação na organização, sobretudo na busca de informações e recursos para lidar com as várias situações que se apresentam no processo integradas ao sistema de aprendizagem. A comunicação deverá estar sempre voltada para a criação de visões compartilhadas, colaboração ambiental, análise organizacional, configuração organizacional, entre outras formas de competências de transição, como nos dimensionou Moscovici, em face da tendência de desenvolvimento gerencial no caminho do futuro.

Nessa transição incorporamos os gestores da comunicação, sobretudo os Relações Públicas, pois conhecem o negócio e sabem qual a missão, a visão, as crenças e as políticas da empresa, possibilitando comunicação mais eficaz, por estarem envolvidos nos processos organizacionais.

Nos últimos anos, em função do esforço para o aumento da produtividade e da qualidade, a comunicação tem sido amplamente valorizada nas organizações, mas é preciso ainda derrubar uma série de tabus e, sobretudo, democratizar as estruturas formais das organizações, que se caracterizam por uma hierarquia rígida e autoritária. O desafio é quebrar barreiras através da comunicação, especialmente a organizacional.

Isso nos permite dizer que, inserida nesse contexto, a comunicação é fundamental, não só nos possibilitando compreender o comportamento e a cultura organizacional, como também aumentando a força competitiva da organização. Em cenário de constante mudança na busca da qualidade e do conhecimento organizacional, a comunicação facilitará a compreensão dos processos de transmissão e assimilação de novos conceitos, assim como a socialização do conhecimento, compartilhando com todos as metas da organização.

Os requisitos da qualidade indicam uma transição da manutenção dos fatores internos da produção para um escopo mais amplo, buscando melhor atender às necessidades dos clientes e as demais alvos e interesses das organizações. Nesse sentido as demandas alcançam a excelência, mas ao mesmo tempo se faz necessário conquistar novos caminhos, com a incorporação de novas técnicas e práticas de gestão, sem as quais os resultados se tornarão difíceis de serem alcançados.

Margarida Kunsch diz:

*"A qualidade da comunicação (...) passa pela disposição em abrir as informações; pela autenticidade, usando*

*a verdade como princípio; pelo respeito às diferenças individuais; pela implantação de uma gestão participativa, capaz de propiciar oportunidade para mudanças culturais necessárias; pela utilização de novas tecnologias; e por um gerenciamento feito por pessoas especializadas e competentes, (...) em benefícios da organização e de seus colaboradores."*[4]

Nesse quadro, Kunch destaca, ainda, a excelência da comunicação, tomando o conceito de Richard Lindeborg:

*"A comunicação excelente é a comunicação que é administrada estrategicamente, que alcança seus objetivos e equilibra as necessidades da organização com as dos principais públicos, mediante uma comunicação simétrica de duas mãos."*[5]

Portanto, o gestor da comunicação, sobretudo o Relações Públicas, numa responsabilidade gerencial, deverá ser capaz de inserir a organização no processo produtivo, o que exigirá a implementação de eficazes programas de comunicação, acompanhados de programas de qualidade e informações de relato veraz, promovendo o entendimento sob a ótica da comunicação excelente, uma via de mão dupla.

Esses gestores deverão estar preparados para o caminho futuro, ou seja, planejar e conduzir a transição. Esta competência é vital quando a transição envolve a passagem do tradicional para a nova cultura, desafio logístico muito especial. Trazer uma visão para a realidade envolve viver a visão em cada passo do caminho.

Portanto, não devemos subestimar o planejamento, pois alguns dos maiores malogros em projetos de mudança organizacional devem-se, provavelmente, à subestimação do planejamento, sobretudo porque este significa tempo e recursos para assegurar uma transição bem-sucedida.

Oportuno lembrar que, nessa transição, as organizações geram mecanismos que levam suas ações para um âmbito maior de aceitação junto à sociedade – o caminho para o diálogo.

# PARTE II

# O DIÁLOGO

"Todas as relações, medidas por instrumentos de comunicação, visam à otimização tanto da informação quanto do próprio trabalho e seus resultados. É pela experiência com técnicas desenvolvidas e novas linguagens que se procura atingir o público-alvo. O importante é estar preparado para resolver impasses ou manter o equilíbrio entre os grupos, não através de métodos simuladores de uma realidade, mas, num âmbito menor, de promoção de debates sobre os reais interesses da comunidade."[6]

Roberto Fonseca Vieira

## A Busca do Entendimento

Comunicação é necessariamente diálogo, controvérsia, compartilhamento. As direções de empresas que estiverem dispostas a abrir processos de comunicação precisam estar disponíveis a ouvir. E ouvir significa se abrir a elogio e crítica, a controvérsia e debate.

O diálogo teve sempre um caráter fundamental na vida dos homens. Por meio dele é que se puderam estabelecer, nos mais diversos momentos históricos da sociedade, o entendimento e a obtenção do consenso. A atitude dialógica, portanto, foi e continua a ser a base da legitimidade da ordem social.

Desde Aristóteles e Platão, inicia-se um processo reflexivo não só a respeito do ato de narrar, como também sobre o caráter da atitude dialogal. E suas ideias continuam sendo de grande relevância na sociedade contemporânea, podendo, inclusive, ser transplantadas para a vida das organizações.

Quanto ao ato de narrar, podemos dizer que a organização tem hoje responsabilidade comunicacional para com seus públicos. Deve funcionar como sistema aberto e criar canais efetivos de comunicação que garantam à sociedade o conhecimento das políticas por ela implementadas. Porém, estes canais não são instrumentos de comunicação para seu uso exclusivo. A bilateralidade é característica imprescindível no verdadeiro ato comunicacional.

Pelo novo sistema 'recíproco' de comunicação, a empresa pode saber se suas informações são recebidas e interpretadas de forma correta, dando oportunidade aos empregados e ao público em geral de comentar e fazer perguntas. A administração tem possibilidade não somente de verificar a eficiência de seu sistema de comunicação, como de conhecer a reação do público quanto à sua política e atividades; com as idas e vindas da comunicação de 'mão dupla', estabelece-se entendimento mútuo entre a organização e o público.

Nessa perspectiva, afirmamos, a única base que pode sustentar o processo interativo entre a organização e seus diversos públicos – dentre os quais está a comunidade – é a veracidade de suas informações e o seu interesse pela melhoria social.

Se o sistema de comunicação estabelecido pela organização tiver por finalidade apenas agir 'retoricamente' sobre a opinião pública, para persuadi-la e conquistar seu apoio, não se estabelecerá a verdadeira comunicação na construção de atitudes dialógicas apoiadas numa linguagem de relato veraz.

A retórica, instrumento de poder, pode ser usada de forma positiva ou não. Se o convencimento estiver baseado em fatos verídicos, será benéfico, pois terá vencido a razão. Se, ao contrário, partir de argumentos falsos, consistirá num sofisma.

Aristóteles, reconhecendo que a retórica poderia ser objeto de uso inadequado, mostra que a natureza desta arte não deve ser julgada pelas intenções daqueles que dela se utilizam, sobretudo porque seu papel se cifra em distinguir o que é verdadeiramente suscetível de persuadir do que só o é na aparência, do mesmo modo que cabe à Dialética distinguir o silogismo verdadeiro do silogismo aparente.

Tal observação nos permite concluir que se à retórica cabe diferenciar a verdade dos argumentos, para a defesa do que é 'justo', da aparência pura e simples de que os mesmos podem se revestir, logo ela visa ao bem, o que não impede que seja utilizada por alguns inadequadamente.

Acrescente-se que a persuasão, segundo Aristóteles, está profundamente vinculada ao caráter moral do orador, valendo dizer que se ele não possuir credibilidade junto ao público, de nada adiantará seu discurso.

## O Caminho para a Credibilidade

A condição de credibilidade se aplica ao relacionamento entre organização e comunidade. Se o relator público, particularmente o Relações Públicas, e a organização de que faz parte não obtiverem a confiança necessária do público-alvo, confiança esta proveniente do comportamento ético tanto da organização quanto do profissional que a representa, de nada servirão os pronunciamentos organizacionais.

As organizações, através dos gestores da comunicação, devem zelar para que os valores éticos sejam considerados como norteadores na busca do diálogo e da negociação, usando a transparência e a verdade como princípio balizador. O discurso por elas produzido tem de ser regido pela integridade, isto é, pela coerência entre o que se diz e o que se faz no seu dia a dia.

A credibilidade não se conquista apenas com a abertura da organização no sentido de informar aos públicos de interesse suas políticas, filosofias e atitudes. Ela provém, principalmente, da manutenção de um diálogo verdadeiro, baseado na autêntica interação entre as partes.

# PARTE III

# A CREDIBILIDADE

> *"As organizações modernas assumem novas posturas na sociedade atual. A velocidade das mudanças que correm em todos os campos impele as organizações a um novo comportamento institucional perante a opinião pública. Elas passam a se preocupar mais com as relações sociais, com os acontecimentos políticos e com fatos econômicos mundiais."*[7]
>
> Margarida Maria Krohling Kunsch

## A RECIPROCIDADE: A POLÍTICA BILATERAL

Muito já se disse sobre a importância do conceito positivo junto à opinião pública, para a legitimidade das organizações. Sabe-se que esta legitimidade só é conquistada na medida em que a organização atende aos interesses coletivos, o que só se torna possível quando ela cria canais efetivos de comunicação, pelos quais fica sabendo das aspirações e necessidades sociais.

A Comunicação Organizacional, funcionando como filosofia institucional da administração, atende a esta necessidade da organização, adotando como objetivo o ato de servir ao interesse público.

Alinhada a essa perspectiva, a Comunicação Organizacional compreende um conjunto complexo de atividades, ações, estratégias, produtos e processos desenvolvidos para reforçar as ideias e a imagem organizacional junto aos seus públicos de interesse ou, até mesmo, junto à opinião pública.

De forma sintética, pode-se dizer que a opinião pública, partindo da credibilidade que lhe suscite uma organização, a ela confere legitimação necessária para a sua sobrevivência.

Esta credibilidade resulta da confiança dos públicos na ética organizacional verificada nas atividades organizacionais, seja no processo produtivo, seja no relacionamento com ambiente interno e externo, na adoção de uma política bilateral, ou seja, de reciprocidade.

Vivemos numa democracia – termo de origem grega, significando 'governo do povo'. Afora situações de ordem socioeconômica e política que, em dadas circunstâncias, divergem dos reais interesses 'deste povo', a máxima de Rousseau acerca da *volonté genérale* ainda não perdeu de todo o seu sentido.

Pois qual a organização, oriunda sobretudo da iniciativa privada, nos dias de hoje, ousa desconsiderar a soberania da opinião pública? Sabemos que esta consiste em um dos fatores imprescindíveis à sobrevivência das organizações, bem como para o seu crescimento e desenvolvimento.

## A MEDIAÇÃO: A LEGITIMAÇÃO ORGANIZACIONAL

Nesse contexto o Relações Públicas – Consultor da Comunicação Organizacional – surge como elemento mediador entre a organização e a opinião pública, legitimando as práticas organizacionais pela conquista da credibilidade.

A organização pode fazer uso de uma série de medidas para gerar maior credibilidade por parte de seus públicos. A primeira, e talvez a mais importante medida, consiste em adotar uma política de 'portas abertas', assim como o estabelecimento de canais efetivos de comunicação.

Tal procedimento permite que a organização se torne conhecida e que estabeleça vínculo com a comunidade. Todavia, não basta abrir as portas aos públicos de interesse. É preciso mantê-lo constantemente informado a respeito das políticas que estão sendo implementadas, procurando também participar o mais ativamente possível da vida comunitária.

Este funcionamento da organização como sistema aberto possibilita o intercâmbio de informações entre as partes envolvidas e evita, de certa forma, a afluência de uma controvérsia. Se o conflito é iminente na sociedade, o entendimento é perfeitamente possível se organização e comunidade, apesar dos interesses divergentes, estiverem dispostas a estabelecer o diálogo. E o diálogo só tem condições de existir mediante a manutenção de boas relações.

A organização não pode esquecer o papel social para com a comunidade. Contribuir para o aumento da qualidade de vida dos públicos de interesse não só faz parte de um compromisso com o desenvolvimento da Nação, como possibilita maior êxito mercadológico.

O Relações Públicas – gerenciador da Comunicação Organizacional — além de procurar criar e manter o conceito positivo da organização, pode funcionar através de sua gestão como um poderoso formador de estratégia, pois o ideal deste gerenciador é a construção da imagem competitiva, até porque o elemento que sustenta a estrutura da instituição chama-se credibilidade, legitimando assim seus interesses públicos e privados.

Entretanto, não basta fornecer ao mercado um determinado bem ou serviço. Hoje, o ponto de distinção são as ideias e imagem institucional. Numa sociedade cada vez mais consciente da interdependência de todas as forças, as ideias e imagem institucional de uma organização relacionadas às qualidades e características de seus produtos passam a ter importância cada vez maior.

Por outro lado, a legitimação decorre não da expressão criativa trabalhada na mídia, mas de situações reais vividas por grupos de trabalhadores, estudantes, consumidores, enfim, categorias sociais que experimentam concretamente a ação das organizações.

O desafio, do ponto de vista da comunicação, será o gerenciamento em todos os níveis e de forma integrada, definindo sua filosofia global e tendo este conceito maior valorizado e adequado às ações específicas, promovendo confiança e credibilidade nas formas de relacionamento organizacional.

No mundo em que vivemos, com tecnologia, oportunidades, competitividade, qualidade, conhecimento, entre outros fatores que propiciam um melhor nível de relacionamento entre os homens, a necessidade da comunicação nas organizações é indiscutível, junto ao ambiente interno e ou externo, e em sintonia com a opinião de seus públicos e da própria sociedade, a sintonia de um perfeito relacionamento.

# Parte IV

## O Relacionamento

> *"O relacionamento da organização no âmbito externo será o reflexo do tratamento da comunicação em âmbito interno, facilitando seus negócios. Assim a comunicação adquire papel estratégico e relações públicas pode ajudar as organizações no seu processo de comunicação estratégica, fazendo com que as organizações conheçam primeiro a si próprias, para, a seguir, melhor se comunicarem com seus públicos externos."*[8]
>
> Sidinéia Gomes Freitas

## A MISSÃO: O SERVIÇO À SOCIEDADE

A missão maior da organização é servir a sociedade. Portanto, criar políticas que se identifiquem com os interesses da sociedade significa reconhecer o valor das relações múltiplas e recíprocas da organização com a sociedade.

Na mesma proporção, significa dizer que a organização que não atente para os possíveis impactos ambientais que sua atividade possa causar, não se importando com os danos ao meio ambiente e à saúde de seus funcionários, bem como à da comunidade, não terá da opinião pública o respaldo necessário para o bom funcionamento de suas operações.

Nessa política de relacionamento, se a comunidade considerar que a organização vem adotando práticas que vão de encontro ao interesse público, não medirá esforços para obrigá-la a rever sua condição enquanto unidade social, sobretudo por ser fundamental que a organização seja transparente aos olhos da comunidade e de toda a opinião pública.

É preciso que a organização crie constantemente mecanismos de aproximação com líderes comunitários e formadores de opinião, para que lhes seja mostrado o que faz a organização, de que forma são processadas as tarefas, como é o ambiente de trabalho e quais as perspectivas no campo social.

A elaboração de estratégias junto aos públicos multiplicadores de opinião e reuniões para a discussão de problemas de interesse comum são algumas medidas que poderão contribuir para o estabelecimento da autêntica 'compreensão mútua'.

A adoção da prática de *'low profile'* só serve para gerar conflitos e causar dissociação cognitiva nos públicos com que se relaciona. É preciso que a organização esteja em consonância com a opinião pública, para que possa existir e progredir em ambientes sociais, legislativos e administrativos favoráveis, que não impeçam seu trabalho nem criem obstáculos intransponíveis à sua atuação, tornando sua existência viável.

No que concerne à maior inserção da organização na vida comunitária, é importante dizer que as melhorias implementadas refletem não só na 'imagem institucional', como também, e principalmente, no ambiente da própria organização.

Tudo o que ocorre na comunidade exerce grande influência na organização: as condições de saúde e higiene, o saneamento básico, o nível de instrução e a qualidade de vida de seus membros (que muitas vezes são funcionários da empresa). Portanto, as melhorias em relação a esses aspectos serão sempre uma "via de mão dupla".

## A COMUNICAÇÃO ORGANIZACIONAL:
### A POLÍTICA INTERNA

A Comunicação Organizacional deve ser desenvolvida, primeiramente, no interior da empresa, ou, como se costuma dizer, deve-se "começar em casa". Por conseguinte, boas condições de trabalho, salários justos, ambiente salubre e agradável e mecanismos de incentivo à realização pessoal são imprescindíveis para um conceito institucional positivo.

Obviamente, a Comunicação Organizacional, sobretudo os gestores da Comunicação Interna, que costumam trabalhar junto com a área de Recursos Humanos, não se restringe apenas às atividades relacionadas com questões básicas, como as apresentadas.

Valorizar o indivíduo na organização é fator primordial, sob a ótica da Comunicação Organizacional, sobretudo nas ações específicas de Relações Públicas. Isto não só porque estando os colaboradores satisfeitos o nível de produtividade se eleva, como principalmente porque, assim procedendo, a empresa assume sua função como unidade social. "Começando em casa", a organização dá passo decisivo para assegurar sua credibilidade junto à opinião pública.

Constituindo parte substancial da comunidade e sendo os melhores 'porta-vozes' das políticas e filosofias das organizações, os colaboradores – funcionários – são a sua maior riqueza. E é por isto que, além de ser realidade socioeconômica, a empresa necessariamente precisa ser vista como realidade 'humana'.

O objetivo, nessa perspectiva, é contextualizar a gestão de pessoas na nova economia como foco estratégico das organizações, demonstrando que o valor humano tem sentido econômico, sobretudo em razão das forças que estão atuando e provocando grande impacto nas pessoas e organizações.

Precisamos estar atentos, pois tudo está acontecendo de forma simultânea e a uma velocidade cada vez mais crescente, especialmente em três grandes forças; a tecnológica, com explosão do conhecimento e avalanche de informações; a social, com busca da satisfação existencial humana; e a econômico-empresarial, com as mudanças dramáticas na natureza das organizações.

# PARTE V

## A VALORIZAÇÃO

" *(...) Enquanto o prestígio de muitos instrumentos gerenciais está em baixa, o homem é mais determinante do que nunca para a competitividade. O primeiro passo é pensar a organização como um todo, mas não como um coletivo homogêneo.*"[9]

Gustavo Luis Gutierrez

## A ADAPTAÇÃO: O HOMEM COMO PESSOA INTEGRAL

À medida que passamos da era industrial para a era da informação, o conhecimento se torna cada vez mais decisivo neste processo, o principal direcionador do sucesso competitivo das organizações, face ao alinhamento de diferentes dimensões nos âmbitos interno e externo da vida organizacional.

Como afirmamos anteriormente, mudanças e competitividades do mundo globalizado têm exigido das organizações modernização constante, aliada à necessidade do conhecimento organizacional, tanto do âmbito interno quanto externo.

Do ponto de vista dessa transformação, um dos desafios a serem enfrentados pelas organizações, no novo milênio, é o da adaptação do homem às exigências do meio ambiente, sobretudo porque o elenco de valores resultantes vinculará o sucesso das organizações à capacidade de sensoreá-lo e nele provocar transformações.

José C. Figueiredo afirma:

> "A base da globalização está na comunicação. Como argamassa, o processo de comunicação é responsável pela ligação entre as várias fases que contemplarão as mudanças organizacionais exigidas pela globalização mundial. As pessoas precisarão ter uma visão clara, motivadora e estimulante do futuro e somente graças a canais de comunicação amplos e totalmente desobstruídos é que será possível atender essas necessidades."[10]

Como destacamos, a comunicação tem papel essencial, sobretudo nos períodos de mudanças nas organizações. Entretanto, ela pode ir além da flexibilização ou breve amenização dos impactos, isto é, ela tem o papel de ir além do procedimento apenas informativo de mudanças e decisões sobre quaisquer assuntos.

Esse processo é trabalhoso e não dispõe de muito tempo para ser viabilizado. Ou é feito rapidamente ou a organização perde a oportunidade de continuar existindo. Os clientes estão cada vez mais informados e, portanto, mais exigentes sobre produtos e serviços disponíveis no mercado.

De pouco adiantará às organizações importarem modernos equipamentos se não houver pessoas devidamente preparadas e motivadas para operá-los, significando que o foco da área de gestão do conhecimento humano deve estar centrado em alguns fatores predominantes, entre eles, e de modo especial, o cliente interno.

A tendência da administração de seres humanos, hoje em dia, baseia-se na necessidade que temos de atender a demanda imposta às organizações pelo processo da globalização. Não podemos mais gerenciar seres humanos da forma clássica, isto é, fechada, cheia de segredos e pouco esclarecedora. É preciso transparência em estratégias montadas na perspectiva do relato veraz, portanto, é necessário estarem em perfeita sintonia de interesses – organização e comunidade de públicos.

O relacionamento humano está passando por uma crise aguda, de consequências imprevisíveis. À medida que o processo tecnológico mundial prossegue aceleradamente, a relação humana fica abalada, deforma-se em direção à sua própria mecanização, aumentando a tendência de ver o outro como objeto, instrumento de sua própria satisfação; portanto, é preciso resgatar o humano na tecnologia, sobretudo porque o homem é o senhor e está acima das máquinas, por mais sofisticadas que estejam.

O desenvolvimento de pessoas e lideranças dentro das organizações é uma preocupação permanente do mundo corporativo. É cada vez mais claro que o diferencial em um mercado altamente competitivo não está em equipamentos, nem em produtos. Estes estão ao alcance das empresas, bastando para isso que disponham de recursos. O que realmente faz com que organizações se perpetuem com sucesso ao longo dos anos é cultura e as pessoas que a constroem.

# A COMUNICAÇÃO INTERNA:
## O GERENCIAMENTO DE COMPETÊNCIA

Os novos tempos pedem programas de qualidade que contemplem os seres humanos que administram as organizações. Estarão descartados os programas que visavam apenas à qualidade dos produtos, ignorando a atuação dos seres humanos, responsáveis pela produção e pela prestação dos serviços.

À medida que os colaboradores (funcionários) da organização participarem do processo de mudança, estarão fazendo parte de um contexto e, assim, terão a possibilidade de interagir ativamente no processo de mudança das organizações. Essa ação estará sempre se dirigindo à obtenção de melhores resultados, gerando melhores condições de trabalho e formando alianças positivas em prol de objetivos comuns: *é a interação* – forma sinérgica e participativa de agir de pessoas, de grupos cujos interesses tenham o mesmo objetivo.

Roger Cahen diz:

*"Quem faz acontecer as coisas são as pessoas – não planos – e apenas planejar não basta, pois é necessário fazer com que as pessoas executem sua parte no planejamento."*[11]

O novo desafio é conscientizar cada funcionário sobre seu papel e valor humano como cliente interno da organização. Ele deve se ver como mantenedor do cliente externo graças aos produtos que fabrica, aos serviços que presta. Desafio que significará o estabelecimento de parcerias perfeitas entre equipes de trabalho, além da manutenção de uma unissonância que fará com que a organização possa se perpetuar.

Essa constitui a abordagem holística de desenvolvimento no gerenciamento da comunicação: o papel de cada indivíduo, uns em relação aos outros, funções dentro da empresa e demais formas de relacionamento, reforçando atitudes favoráveis e habilidades de comunicação e promovendo gerenciamento de competência da comunicação nas organizações.

Margarida Kunsch destaca:

> *"A comunicação interna deve contribuir para o exercício da cidadania e para a valorização do homem (...). A oportunidade de se manifestar e de se comunicar livremente canalizará energias para fins construtivos, tanto do ponto de vista pessoal quanto profissional."*[12]

Kunsch enfatiza ainda que:

> *"A comunicação interna não pode ser algo isolado do composto da comunicação integrada e do conjunto das demais atividades da organização. Sua eficácia dependerá de um trabalho de equipe entre as áreas de comunicação e de recursos humanos, a diretoria e todos os empregados envolvidos."*[13]

É preciso, portanto, que o processo de comunicação seja integrado e envolva todos os departamentos que estejam voltados para a comunicação interna, pois, quanto menos formal for a comunicação interna e quanto mais previamente programada e focada nas equipes, melhor será o resultado, sobretudo quando a palavra-chave é relacionamento.

Oportuno lembrar que o gerenciamento da comunicação interna, com base na responsabilidade social interna, requer pleno conhecimento do potencial humano que está sob sua responsabilidade. Isso significa saber dizer, a quem dizer, por que dizer. E saber, ainda, o momento certo de dizer, cobrar, alertar, apoiar, motivar, calar.

A verdadeira comunicação interna tem que ser conduzida por profissionais comprometidos com a qualidade do trabalho sob a ótica de quem o desempenha. Significa a integração, informação e conhecimento para o exercício da cidadania na organização. E as Relações Públicas terão no investimento valorativo papel preponderante.

Portanto, investir na qualidade de relacionamento da organização com a comunidade de públicos significa conquistar, também, outros resultados relevantes: o de aceitação pública.

A organização que domina o gerenciamento total da comunicação pode alcançar um impacto poderoso nas suas relações ambientais, pois somente o gerenciamento da comunicação total será uma abordagem eficaz e justificável do ponto de vista gerencial em um programa total de comunicação.

Alertamos que, nesse atual ambiente competitivo, parece que algumas organizações criam mecanismos cada vez mais sofisticados de comunicação para evitar que as pessoas se comuniquem, se organizem, se mobilizem em torno de suas próprias causas. Este processo merece toda nossa atenção, sobretudo quando o desafio é valorizar o homem como pessoa integral. Um desafio para os gestores da Comunicação Organizacional, sobretudo o Relações Públicas.

## Considerações Finais

*"Cada palavra, cada gesto é ação comunicativa. Assim ocorre a comunicação com cada página de um livro, cada folha de jornal, cada som de receptor rádio, cada imagem da televisão. Daí a importância da comunicação no mundo moderno ser ainda maior do que foi em todo passado (...). Tudo, absolutamente tudo é comunicação."*[14]

José Carlos Figueiredo

## A PERSPECTIVA

Da Revolução Industrial à Revolução Tecnológica muitas serão as transformações, transições, desafios, atitudes dialogais, credibilidade, políticas de relacionamento, valorização do ser humano, entre outras ações. De qualquer forma, todas deverão estar incorporadas às competências de gerenciamento da comunicação organizacional, sobretudo para enfrentar novos tempos, tempos de grandes conquistas em busca do sucesso.

Flávio Schmidt, em *Mercado, Comunicação Empresarial e Assessoria,* nos diz:

*"Para obter sucesso e conquistar sua aceitação, a organização precisa adotar e praticar determinadas atitudes, ações e técnicas. É preciso definir claramente suas políticas, filosofias administrativas e valores culturais e sociais. Identificar suas reais vocações de negócio, encontrar sua verdadeira identidade e reconhecer o valor do relacionamento com seus públicos. Somente conhecendo o real perfil da organização e seus propósitos o público depositará confiança e credibilidade na organização."*[15]

Essas conquistas, sucesso, conhecimento dependerão do planejamento concreto e bem arquitetado, respeitando todos os critérios existentes, pois somente assim será possível real resultado. O conhecimento não tem limites. O mercado cresce de forma acelerada, mas é extremamente seletivo e somente aqueles que vislumbrarem o horizonte permanecerão, sobretudo porque a busca da qualidade da comunicação nas organizações, de modo geral, é muito mais que um objetivo, é uma questão de sobrevivência, é um estado de competência.

Vislumbrando as tendências de transformação organizacional a curto, médio e longo prazos, as funções gerenciais se modificam e exigem atenção redobrada para acompanhar procedimentos alterados e emergentes. É preciso expandir e aprimorar as competências existentes, mas ao mesmo tempo começar a adquirir e a desenvolver competências críticas ao sucesso do futuro.

As mudanças de postura das organizações que querem abraçar este novo modelo devem ser conduzidas de forma racional e, por conseguinte, interferir diretamente na sua cultura, alterando especialmente sua forma de gerenciamento e modificando, a seu favor, o processo de produção.

Devemos considerar que a única base que pode sustentar o processo interativo entre a organização e a comunidade é a veracidade das informações organizacionais e o seu interesse pela melhoria social, ou seja, agregar valor à sociedade é o desafio para a construção de imagem competitiva e, obviamente, sustentada pela credibilidade. Como a base de divulgação do processo é a comunicação, num gerenciamento de competência ética e de relato veraz, será ela igualmente responsável pelo processo de interatividade, atendendo as várias fases que contemplarão as mudanças organizacionais exigidas pela globalização.

Essa é uma abordagem moderna de desenvolvimento no gerenciamento da comunicação, na qual incorporamos as Relações Públicas, ressaltando o papel de cada indivíduo em relação aos outros indivíduos, suas funções dentro da empresa e demais formas de relacionamento, reforçando atitudes favoráveis e habilidades de comunicação e promovendo um gerenciamento de competências de transição.

O desafio é gerenciar a comunicação em todos os níveis e de forma integrada, definindo sua filosofia global e tendo este conceito maior valorizado e adequado às ações específicas, promovendo confiança e credibilidade nas formas de relacionamento organizacional alinhadas à pluralidade dos sistemas de informações.

Juarez Bahia enfatiza:

*"Um sistema de informação não é apenas aquele que se destina a comunicar interna e externamente o que a empresa tem para tornar público. No nível organizacional, o sistema de informações ganha pluralidade e adquire importância tão grande, que, sem ele, não há eficiência ou operacionalidade, suportes decisórios ou integração, (...) de modo a assegurar à administração um processo decisório correto."*[16]

Nesse gerenciamento de informações fidedignas, a Comunicação Organizacional, quanto mais configurada e compatibilizada nas formas de gerenciamento de competência profissional, melhor contribuirá, sem dúvida, para tornar consistentes os contatos com a sociedade, passando à opinião pública correta imagem da organização. Para que isso se concretize, é preciso: a) dados e fatos reais que esclareçam a identidade da organização, se estiver em jogo a sua idoneidade; b) comprovar por atitudes e procedimentos compatíveis com a ética e com os deveres sociais da organização a atmosfera de liberdade econômica, política e social no âmbito da própria organização, exercendo funções que conduzam a conhecimento, competência, produtividade, eficácia, qualidade, rentabilidade e responsabilidade social.

Fábio França, em *Relações Públicas: visão 2000,* nos conduz à perspectiva final, afirmando

*"(...) ser necessário reprogramar o novo posicionamento organizacional diante do complexo quadro da globalização e de suas exigências, tornando a informação e a comunicação dois fatores preponderantes e decisivos para o sucesso dos relacionamentos e dos negócios de qualquer organização."*[17]

Em última análise, novas formas de gerenciamento da comunicação na organização incorporada à transição de competência e aperfeiçoamento indicam aprimoramento contínuo e constante na cultura organizacional, em todas as dimensões, como valor filosófico em aberto e não como tecnicismo restrito, remetendo--nos ao estabelecimento de novos conceitos, fazendo florescer novos valores.

## Notas

[1] OCTÁVIO, Ianni. *Teorias da Globalização*. 2ª ed. 1996, p. 93.

[2] FLEURY, Maria Tereza. *Cultura e Poder nas Organizações*. 1989, p. 22

[3] MOSCOVICI, Felá. *Renascença Organizacional*. 6ª ed. 1996, p. 96-98.

[4] KUNSCH, Margarida Maria Krohling. *Relações Públicas e Modernidade*. 1997, p. 130.

[5] KUNSCH, Margarida Maria Krohling. *Obtendo Resultados com Relações Públicas*. 1997, p. 32.

[6] VIEIRA, Roberto Fonseca. *Relações Públicas: opção pelo cidadão*. 2002, p. 32.

[7] KUNSCH, Margarida Maria Krohling. *Obtendo Resultados com Relações Públicas*. 1997, p. 27.

[8] FREITAS, Sidinéia Gomes. *Cultura Organizacional e Comunicação*. In: KUNSCH, Margarida Maria Krohling. *Obtendo Resultados com Relações Públicas*. 1997, p. 42.

[9] GUTIERREZ, Gustavo Luiz. *Gestão Comunicativa: maximizando criatividade e racionalidade*. 1999, p. 11.

[10] FIGUEIREDO, José Carlos. *O Ativo Humano na Era da Globalização*. 1999, p. 146.

[11] CAHEN, Roger. *Comunicação Empresarial*. 1990, p. 97.

[12] KUNSCH, Margarida Maria Krohling. *Relações Públicas e Modernidade*. 1997, p. 128.

[13] Ibidem, p. 129.

[14] SCHMIDT, Flávio. *Mercado, Comunicação Empresarial e Assessoria*. In: KUNSCH, Margarida Maria Krohling. *Obtendo Resultados com Relações Públicas*. 1997, p. 173.

[15] FIGUEIREDO, José Carlos. *O Ativo Humano na Era da Globalização*. 1999, p. 17.

[16] BAHIA, Juarez. *Introdução à Comunicação Empresarial*. Rio de Janeiro, 1995, p. 55.

[17] FRANÇA, Fábio. *Relações Públicas: visão 2000*. In: KUNSCH, Margarida Maria Krohling. *Obtendo Resultados com Relações Públicas*. 1997, p. 7.

# Bibliografia

ARISTÓTELES. *Arte Retórica e Arte Poética*. São Paulo: Difusão Europeia do livro, 1959.

BAHIA, Juarez. *Introdução à Comunicação Empresarial*. Rio de Janeiro: Mauad, 1995.

CAHEN, Roger. *Comunicação Empresarial*. São Paulo: Best Seller, 1990.

CHANLAT, Jean-François. *Ciências Sociais e Management:* Reconciliando o Econômico e o Social. São Paulo: Atlas, 1999.

DONAIRE, Denis. *Gestão Ambiental na Empresa*. São Paulo: Atlas, 1995.

FIGUEIREDO, José Carlos. *O Ativo Humano na Era da Globalização*. São Paulo: Negócio, 1999.

FLEURY, Maria Tereza. *Cultura e Poder nas Organizações*. São Paulo: Atlas, 1989.

FRANÇA, F. & FREITAS, Sidinéia G. *Manual da qualidade em projetos de comunicação*. São Paulo: Pioneira, 1997.

GUTIERREZ, Gustavo Luiz. *Gestão Comunicativa:* maximizando criatividade e racionalidade. Rio de Janeiro: Qualitymark, 1999.

HABERMAS, Jürgen. *Mudança Estrutural da Esfera Pública*. Rio de Janeiro: Tempo Brasileiro, 1984.

IANNI, Octávio. *Sociedade Global*. Rio de Janeiro: Civilização Brasileira, 2. ed.,1993.

_____. *Teorias da Globalização*. Rio de Janeiro: Civilização Brasileira, 2. ed., 1999.

KUNSCH, M. M. K. *Obtendo resultados com Relações Públicas*. São Paulo: Pioneira, 1997.

_____. *Relações Públicas e Modernidade*. São Paulo: Summus Editorial, 1997.

LÉVY, Pierre. *As Tecnologias da Inteligência*. Rio de Janeiro: Editora 34, 1993.

MARINS e SILVA, Antomar. *Gestão Estratégica e Negócios:* Pensamento e Reflexões. Rio de Janeiro: Grifo Enterprises, 1997.

MOSCOVICI, Fela. *Renascença Organizacional*. Rio de Janeiro: José Olympio Editora, 1996.

NETO, Francisco P. de Melo & FROES, César. *Responsabilidade Social & Cidadania Empresarial:* A Administração do Terceiro Setor. Rio de Janeiro: Qualitymark, 1999.

PINTO, Eduardo. *Comunicação para a produtividade*. Rio de Janeiro: Quartet, 1994.

VIEIRA, Roberto Fonseca. *Relações Públicas:* opção pelo cidadão. Rio de Janeiro: Mauad, 2002.

LEIA TAMBÉM DA MAUAD EDITORA:

— **Relações Públicas** – Opção pelo Cidadão – de *Roberto Fonseca Vieira*

— **Imagem Empresarial** – Como as organizações (e as pessoas) podem proteger e tirar partido do seu maior patrimônio – de *Roberto Castro Neves*

— **Comunicação Empresarial Integrada** – Como gerenciar: imagem, questões públicas, comunicação simbólica, crises empresariais – de *Roberto de Castro Neves*

— **Crises Empresariais com a Opinião Pública** – Como evitá-las e administrá-las; Casos e histórias – de *Roberto de Castro Neves*

— **Introdução à Comunicação Empresarial** – de *Juarez Bahia*

— **Jornal, História e Técnica** – História da Imprensa Brasileira (v.1); As Técnicas do Jornalismo (v.2) – de *Juarez Bahia*

— **Dicionário de Jornalismo** – Século XX – de *Juarez Bahia*

— **O Império do Grotesco** – de *Muniz Sodré* e *Raquel Paiva*

— **Ética na Comunicação** – de *Ester Kosovski* (org.)

— **Ética, Cidadania e Imprensa** – de *Raquel Paiva* (org.)

— **O Espírito Comum** – Comunidade, Mídia e Globalismo – de *Raquel Paiva*

— **Histeria na Mídia** – de *Raquel Paiva*.

Características deste livro:
*Formato*: 14 x 21 cm
*Mancha*: 10,2 x 17,0 cm
*Tipologia*: Times New Roman 12/15
*Papel*: Ofsete 90g/m2 (miolo)
Cartão Supremo 250g/m2 (capa)
*1ª edição*: 2004
*Atualização ortográfica*: 2012
*Impressão digital e acabamento*: PSI7

*Para saber mais sobre nossos títulos e autores,*
*visite o nosso site:*
www.mauad.com.br